AF370268

VENTE

Du Mardi 8 Mai 1900

HOTEL DROUOT, SALLE N° 7

A 2 HEURES 1/2

TABLEAUX ANCIENS

et Modernes

PASTELS, GOUACHES, DESSINS

Mᵉ J. GUILLET, COMMISSAIRE-PRISEUR

34, Rue Baudin

M. CH. BELVAL, EXPERT

6, Rue Saint-Georges, 6

EXPOSITION PUBLIQUE

Lundi 7 Mai 1900

De 2 h. à 5 h. 1/2

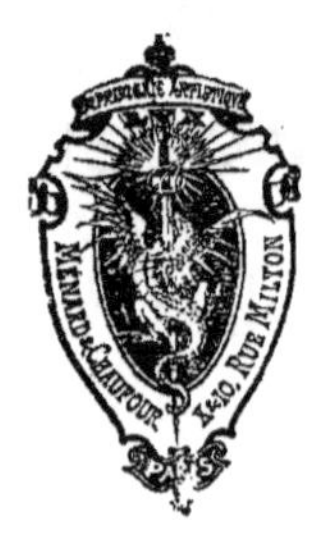

CONDITIONS DE LA VENTE

Elle sera faite au comptant.

Les acquéreurs paieront 5 o/o en sus des prix d'adjudication.

L'exposition mettant le public à même de se rendre compte de l'état et de la nature des objets compris dans ce catalogue, aucune réclamation ne sera admise une fois l'adjudication prononcée.

Paris. — Imp. Ménard et Chaufour, 8-10, rue Milton.

DÉSIGNATION

TABLEAUX ANCIENS

CONSTABLE (Attribué à)

1 — *Étude de paysage.*

2 — *Étude de paysage.*

ÉCOLE ANGLAISE (Anonyme)

3 — *Portrait.*

REYNOLDS (Attribué à)

4 — *Tête de jeune fille.*

ÉCOLE ANGLAISE

5 — *Portrait d'enfant tenant des fleurs.*

INGRES (École de)

6 — *Portrait présumé du roi de Rome.*

ÉCOLE ESPAGNOLE

7 — *Portrait d'Isabelle la Catholique*

8 — *Portrait de Philippe III.*

VELASQUEZ (École de)

9 — *Portrait de Philippe V, enfant.*

GOYA (Attribué à)

10 — *Portrait de femme.*

ÉCOLE ESPAGNOLE

11 — *Le Christ en croix.*

12 — *Saint Vincent de Paul.*

Sur cuivre.

ÉCOLE ESPAGNOLE (Anonyme)

13 — *Étude de personnages.*

ÉCOLE FRANÇAISE DU XVIIIe SIÈCLE

14 — *Femmes au bain.*

15 — *Les Vendangeuses*.

ÉCOLE FRANÇAISE (Anonyme).
16 — *Étude*.

ÉCOLE FRANCAISE DU XVIIIe SIÈCLE
17 — Dessus de porte.

PATEL (Attribué à)
18 — Dessus de porte : *les Lavandières*.

L'ALBANO (École de)
19 — Dessus de porte : *Personnages*.

ÉCOLE ITALIENNE (Anonyme)
20 — *Étude de personnages*.

BOUCHER (École de)
21 — *Ronde d'amours*.

FRAGONARD (École de)
22 — *Personnages et attributs*.

Sur cuir.

ÉCOLE FRANÇAISE

23 — *Figure et attributs décoratifs.*

Sur cuir

LAGRENÉE (Attribué à)

24 — *Étude de femme.*

Pastel.

FRAGONARD (Attribué à)

25 — *Portrait.*

OUDRY (École de)

26 — *Chien et gibier.*

ÉCOLE FRANCAISE

27 — *Étude de paysage.*

MONNOYER (J.-B.)

28 — *Fleurs et fruits.*

LEPRINCE (École de)

29 — *Personnages.*

Pastel, cadre en bois sculpté.

CHARDIN (Attribué à)

3o — *Fruits dans une corbeille.*

ÉCOLE HOLLANDAISE

3i — *Tête de femme.*

ÉCOLE FRANÇAISE DU XVIIIe SIÈCLE

3₂ — *Paysage animé.*

33 — *Etude de Paysage.*

CASANOVA (Attribué à)

34 — *Combat de Cavaliers.*

JORDAENS (École de)

35 — *Scène Mythologique.*

ÉCOLE ITALIENNE DU XVIIIe SIÈCLE

36 — *Tête de jeune femme.*

BOILLY (École de)

37 — *Portrait de femme en robe blanche.*

38 — *Portrait de femme.*

PRUDHON (École de)

39 — *Femme coiffée d'un turban.*

ÉCOLE FRANÇAISE (Anonyme)

40 — *Portrait.*

ÉCOLE HOLLANDAISE

41 — *Nature morte.*

J. VERNET (Attribué à)

42 — *Marine.*

43 — *Marine.*

MILLET (Attribué à)

44 — *Les Lavandières.*

ÉCOLE FRANÇAISE

45 — *Portrait d'homme.*

46 — *Portrait de femme.*

ÉCOLE FRANÇAISE (Contemporaine)

47 — *Cérés.*

48 — *Etude coiffée d'un béret.*

TH. COUTURE (Attribuée à)

49 — *Etude.*

CALS

5o — *Paysage avec un cheval.*

MADRAZO

5i — *Femme dans un paysage.*

DAUBIGNY (École de)

52 — *Etude de Paysage.*

MUNKASKY

53 — *Etude.*

FRANÇAIS (Attribué à)

54 — *Etude de Paysage.*

YONE. (Attribué à)

55 — *Etude de Paysage.*

BONVIN

56 — *Etude d'Intérieur.*

MONTICELLI

57 — *Tête de femme.*

HUET (Attribué à)

58 — *La Balançoire.*

TROYON (Attribué à)

59 — *Vaches au paturage.*

TROYON

60 — *Aquarelle du Parc de Versailles.*

61 — *Aquarelle du Parc de Saint-Cloud.*

PELOUSE (Attribué à)

62 — *Etude de Paysage.*

LAMI (Eugène)

63 — *Personnages dans un paysage.*

LEWIS-BROWN

64 — *Cheval dans la neige.*

DEVERIA (Attribué à)

65 — *Dessus de porte.*

VERNET (J.)

66 — *Marine.*

ROUSSEAU (Attribué à Th.)

67 — *Les Gorges de Franchard.*

HENNER (Attribué à)

68 — *Étude de nu.*

COROT (École de)

69 — *Paysage.*

70 — *Vue d'Italie.*

LACROIX (J.)

71 — *Gardeuse de moutons.*
Pastel

STEVENS (L.)

72 — *Étude.*

ÉCOLE FRANÇAISE (Anonyme)

73 — *Paysage.*

74 — *Napoléon passant en revue la garde
impériale.*

MIGNARD (École de)

75 — *Sainte-Thérèse.*

ÉCOLE FRANÇAISE

76 — *La Sagesse et la Science conduisant la Jeunesse.*

CHINTREUIL (Attribué à)

77 — *Paysage.*

POTTER

78 — *Les ruines du Parthénon* (Grèce).

ÉCOLE FRANÇAISE (Anonyme)

79 — *Étude de paysage.*

ÉCOLE D'ITALIE

80 — *Sainte Thérèse en prière.*

LOUTHERBOURG

81 — *Paysage et animaux.*

Dessin

82 — *Panneaux décoratifs.*

Maquettes pour tapisseries.

83 — *Panneaux décoratifs.*

84 — *Tableaux omis.*